DE LA CONSERVATION GÉNÉRALE

DES

HYPOTHÈQUES.

NOTIONS succinctes de cet établissement et de ses principaux effets sur le régime social.

VENTÔSE, AN 4.

TABLE DES MATIÈRES.

DE LA CONSERVATION GÉNÉRALE

DES HYPOTHÈQUES.

NOTIONS succinctes de cet établissement et de ses principaux effets sur le régime social.

§. I.er

SUR L'INTÉRÊT DE L'ARGENT.

1. S I l'homme industrieux n'avait, pour fournir aux avances indispensables à ses ateliers de culture ou de fabrique, la disposition que de ses propres capitaux, sans pouvoir être aidé de ceux qui se trouvent inutiles ou moins nécessaires aux autres, ses produits seraient minces ou avortés, sa condition misérable, comparée à la civilisation actuelle des peuples de l'Europe.

C'est l'état d'une force qui agit isolément ou sans le concours de celles qui pourraient lui être réunies.

2. Il suit de cette proposition, trop évidente pour avoir besoin de démonstration, que la nation la plus pauvre est, sans contredit, celle dans laquelle tous les citoyens sont quittes les uns envers les autres, ou ne se doivent rien, parce que les échanges s'y soldent au comptant ou s'y consomment par la voie du troc.

3. Et au contraire, la nation la plus prospère, la plus riche, est celle où les citoyens font l'usage le plus fréquent du prêt à intérêt, puisque alors il en résulte la plus grande réunion de forces, et par conséquent les plus grands produits.

4. Mais le prêt à intérêt ne peut devenir fréquent, qu'autant qu'il est protégé de toute la puissance publique.

La conséquence nécessaire d'une telle protection est de faire baisser l'intérêt du prêt, puisque, dans cette hypothèse, il y a la plus grande concurrence possible de prêteurs.

5. On démontre, avec la même évidence, que le prêt gratuit est généralement plus nuisible qu'utile ; à plus forte raison lorsqu'il entre dans l'enseignement public, ou comme précepte religieux, ou comme ordre de législation : car, indépendamment de ce que des capitaux qui ne coûtent rien à obtenir ne stimulent pas l'industrie avec autant de force et

d'activité, l'effet naturel d'une aussi absurde provocation à la générosité, c'est de rendre odieux le prêt à intérêt, de diminuer la concurrence des prêteurs, par conséquent d'augmenter le taux de l'argent qui devient alors usuraire, ce qui ne permet plus de recourir au prêt que dans des circonstances absolument et rigoureusement indispensables.

6. Ainsi donc, le devoir le plus pressant de l'autorité publique est de protéger avec tant d'efficacité le prêt à intérêt, qu'aucun capital ne devienne oisif, et qu'il en résulte la plus grande baisse possible de l'intérêt.

7. Cette baisse est attachée à diverses conditions.

8. La première, *qu'il soit clairement justifié que le débiteur est en état de répondre de la dette, non pas seulement au moment du prêt, mais encore à l'époque stipulée pour le paiement.*

9. La seconde, *que le gage ne soit pas trop supérieur à la dette.*

10. La troisième, *qu'à défaut de paiement au terme convenu, le prêteur ou le créancier jouisse de la plénitude du droit de faire vendre les biens du débiteur qui lui servent de gage, d'en toucher le prix jusqu'à concurrence de la dette, et que, pour accélérer le moment où il doit être payé, ce droit d'exécution puisse s'exercer, non pas seulement dans les délais les plus courts, mais encore avec les formes les plus simples et les moins dispendieuses; en sorte qu'il ne reste au débiteur aucun autre moyen d'arrêter ou suspendre la poursuite, que le paiement ou les offres réelles suivies de consignation.*

11. La quatrième, *que, soit avant, soit après l'échéance de la dette, le créancier en ait la plus grande et la plus parfaite disponibilité, de manière qu'il puisse la transformer en capitaux, ou tout autrement l'échanger à l'instant du besoin.*

12. Parcourons rapidement chacune de ces conditions.

Première condition.

13. La première est *qu'il soit clairement justifié que le débiteur est en état de répondre de la dette, non pas seulement au moment du prêt, mais encore à l'époque stipulée pour le paiement.*

14. Il ne suffit pas en effet que sa solvabilité soit constante à l'une de ces deux époques, il faut encore qu'elle le soit à toutes les deux, puisque, s'il n'a rien ou peu de chose au moment du contrat, le prêteur, ayant à courir le danger de ne le pas trouver plus solvable à l'échéance de la dette, devra s'en dédommager à l'avance, ou par de plus hauts intérêts, ou par une plus forte retenue sur le capital.

La même chose aura lieu, quoiqu'au moment du prêt le débiteur soit propriétaire d'une suffisante quantité de biens; s'il continue d'en avoir la possession, et par conséquent la disposition; car rien ne garantit au prêteur qu'ils lui seront fidellement conservés pour sûreté de la dette.

15. Cette circonstance a fait imaginer le prêt sur gages dont il existe plusieurs espèces.

16. 1.° Le *prêt sur gages* proprement dit, qui consiste, de la part de l'emprunteur, à déposer entre les mains du prêteur, pour tout le temps du prêt, et jusqu'à son remboursement, des biens mobiliers, sous la condition de n'en pouvoir user pendant tout le temps du dépôt, mais à la charge qu'à défaut de paiement à l'échéance, ils seront vendus, et le prix touché par le créancier jusqu'à concurrence de la dette;

17. 2.° L'*antichrèse*, qui ne diffère du *prêt sur gages*, qu'en ce que, d'une part, des biens immeubles peuvent aussi en être l'objet, et que de l'autre l'emprunteur a la faculté d'user de la chose ou d'en toucher les fruits ou revenus pour lui tenir lieu des intérêts du prêt;

18. 3.° L'*engage* ou l'*engagement*, assez rapprochée de l'*antichrèse*, mais qui exige le dépôt ou la transmission d'une plus grande quantité de biens, puisque ce contrat a pour objet de mettre le créancier, par la jouissance de la chose ou la perception des fruits et revenus dont elle est susceptible, à portée de se payer, par succession de temps, non pas seulement des intérêts, mais encore du capital de la créance.

Ce contrat est plus particulièrement connu dans les départemens de l'Ouest;

19. 4.° *La vente à faculté de rachat ou de réméré*, qui consiste à transmettre au prêteur, de la part de l'emprunteur, non-seulement la possession et jouissance, mais encore la propriété des biens qu'elle a pour objet, avec la condition néanmoins que l'emprunteur aura, pendant un certain temps, la faculté de les racheter en remboursant au prêteur le prix moyennant lequel ils lui ont été vendus;

20. 5.° *Le contrat pignoratif*, qui ne diffère de la *vente à faculté de rachat* qu'en ce que la possession de la chose vendue est laissée à l'emprunteur, à titre de location, moyennant un prix, et pour le temps convenu, à l'expiration duquel il peut y avoir ou relocation ou expropriation, à défaut de paiement de la dette ou de remboursement du prix de la vente;

21. 6.° Et enfin *le prêt sur hypothèque générale ou spéciale, simple ou privilégiée*, dont l'effet est de laisser au débiteur la propriété, la jouissance et l'entière disposition de ses biens, mais qui les grève au profit du créancier, et ne permet plus au débiteur, ainsi qu'à ses successeurs à titre universel ou singulier, de les posséder que sous la condition de payer la dette à l'époque où elle sera devenue exigible, en sorte qu'il ne puisse rester à l'acquéreur, qui aurait eu l'imprudence d'en verser le prix entre les mains du vendeur, d'autre ressource que de payer la dette, ou d'abandonner la chose.

Il est aussi de l'essence de ce prêt de conférer au créancier, à défaut de paiement, le droit de faire vendre les biens grevés de son hypothèque, et d'en toucher le prix jusqu'à concurrence de la dette, et cela par préférence à tous autres créanciers hypothécaires plus anciens que lui, s'il est créancier privilégié, mais seulement après eux, s'il n'est que simple créancier hypothécaire, ou bien sous d'autres modifications, à raison des localités, et suivant que son hypothèque est spéciale ou générale, &c., &c.

22. Tels sont, parmi les divers modes d'assurer le prêt à intérêt, ceux qui se trouvent le plus généralement usités en Europe.

23. Voyons présentement ce qu'ils peuvent avoir de défectueux ou de contraire à la prospérité générale de l'état, et comment le code hypothécaire, du 9 messidor, an 3, a simplifié et amélioré l'exercice de celui d'entre eux qui concourt le plus efficacement au développement de l'industrie.

24. Dans le *prêt sur gages* proprement dit, le prêteur étant dépositaire du gage, répond de sa conservation; d'où résulte une surveillance quelconque de sa part, et souvent le besoin d'y employer exclusivement un local plus ou moins grand. Ces circonstances doivent nécessairement faire hausser l'intérêt du prêt, indépendamment de ce que, pendant tout le temps du dépôt, la chose qui en est l'objet se trouve hors du commerce, et par conséquent privée de la faculté de donner des produits.

25. Dans l'*antichrèse*, l'*engage*, et la *vente à faculté de rachat*, le créancier qui détient la chose, ne devant la posséder que temporairement, ou sous une condition résolutoire, ne peut y attacher la même affection qu'y apporterait un propriétaire incommutable. Ainsi donc, loin d'améliorer ou même d'entretenir ou réparer, il devra, pour en obtenir de plus grands produits, et tirer indirectement un plus haut intérêt de son capital, se permettre toutes les jouissances anticipées, dont le dernier résultat est d'altérer ou de dégrader le sol.

26. Dans le *contrat pignoratif*, le mal est moins grave, puisque l'ancien propriétaire continue de posséder; mais il l'est toujours assez, puisque son titre est devenu beaucoup moins précieux pour lui, et qu'il peut arriver un moment où il aura perdu toute espérance de redevenir propriétaire de sa chose.

27. Aucun de ces inconvéniens n'a lieu dans le *prêt sur hypothèque*; rien n'est changé à la condition de l'emprunteur; les choses restent dans le même état qu'auparavant; rien, par conséquent, ne s'oppose au développement de son industrie. A la vérité, le défaut de paiement à l'échéance l'expose à l'expropriation; mais, premièrement, il ne peut y avoir de prêt, sans cette crainte salutaire; secondement, il ne paraît pas très-difficile d'organiser les hypothèques, de manière à réduire au plus petit nombre possible celui des expropriations forcées, et alors elles ne tombent que sur les citoyens entre les mains desquels une plus longue possession de la chose serait plus nuisible qu'utile à la société.

28. De cette courte analyse, il suit évidemment que la préférence est due au prêt sur hypothèque; que, par conséquent, la puissance publique doit apporter tous ses soins à le bien constituer; et c'est ainsi seulement que, sans refuser sa protection aux autres contrats, elle peut les rendre moins fréquens.

29. Le caractère essentiel et primordial de l'hypothèque étant, comme on vient de l'exposer, de laisser au débiteur la propriété, la jouissance et l'entière disposition de ses

(7)

biens , mais avec la condition qu'en quelques mains qu'ils soient passés ils continueront d'être grevés de la dette, et le possesseur tenu de l'acquitter à son échéance ou de déguerpir, il suit de là que les biens mobiliers ne sont point susceptibles d'hypothèque , puisqu'ils peuvent disparaître d'un instant à l'autre, sans laisser aucune trace après eux ; indépendamment de quoi la prospérité publique est intéressée à ce que cette sorte de biens jouisse de la plus grande et de la plus parfaite disponibilité.

30. Mais , comme dans l'état présent des sociétés, elle ne forme pas plus d'un sixième de la richesse publique, on doit être peu touché de n'avoir pu soumettre les meubles au régime des hypothèques.

31. Ces considérations ont motivé l'article VI du code hypothécaire, du 9 messidor, an 3 , qui refuse aux biens meubles la faculté d'être grevés par hypothèque.

32. Ainsi donc les seuls immeubles en sont susceptibles, et telle est la disposition de l'art. V.

33. Cela posé, si , avant toute délivrance de deniers, le prêteur est devenu certain que l'emprunteur possède actuellement des biens immeubles libres de tout engagement pour une valeur supérieure aux capitaux qui doivent être l'objet du prêt ;
Si, de plus , il est également certain que le gage lui sera conservé intégralement, et qu'il y retrouvera la même valeur à l'époque du remboursement ;
Si , enfin, il n'en coûte au prêteur ni soins, ni surveillance , ni emploi de temps pour acquérir la preuve de cette solvabilité actuelle et future ; alors, de la réunion de ces trois circonstances , il est bien évident,
1.° Que n'y ayant plus aucun danger à courir, ni mise de fonds ou de temps pour s'en préserver ; l'intérêt de l'argent devra être diminué de tout ce qui y entrait auparavant à ce titre ;
2.° Que de tels avantages devant mettre sur les rangs un plus grand nombre de prêteurs , et appeler même à le devenir la plupart de ceux que l'ignorance des affaires en écarterait dans tout autre système, l'intérêt de l'argent devra encore être diminué de tout ce qu'y faisait entrer le défaut de concurrence.

34. Il ne s'agit donc plus que de trouver dans le code hypothécaire et de mettre ici en évidence les dispositions à la faveur desquelles ces résultats doivent être obtenus ; mais comme la certitude de la solvabilité actuelle d'un individu quelconque ne peut être acquise que par la connaissance de la valeur de ses biens immeubles qui forment son actif, et des hypothèques et droits dont ils sont grevés qui forment son passif, il en résulte la nécessité de distinguer les dispositions de la loi qui appartiennent à la recherche de l'un, d'avec celles propres à la recherche de l'autre. On va donc les traiter séparément.

SECTION PREMIÈRE.
DE L'ACTIF.

35. LE premier pas que doit faire celui qui veut emprunter ou faire constater la valeur actuelle de ses biens immeubles, c'est d'en fournir la déclaration foncière au conservateur des hypothèques de leur situation ; article XXXVIII du code.

A 4

36. Suivant une loi particulière du 9 messidor an 3 , à la suite du code , et qui a pour unique objet de régler tous les élémens de la déclaration foncière, elle doit être par écrit ; article XII de cette loi.

Nul autre que le propriétaire, ou son fondé de procuration spéciale, n'a droit de la faire ; article Ier,

Ou son tuteur ou curateur , en cas de minorité ou d'interdiction ; article II ,

Ou le curateur , et à son défaut les syndics et directeurs de l'union, en cas de biens abandonnés ou vacans ; article V.

Elle ne pourra comprendre des biens situés en plusieurs communes : c'est-à-dire, que les déclarations foncières seront faites séparément pour chaque commune ; article XIII.

Chaque déclaration foncière contiendra ,

1.° Les noms , prénoms , âge et lieu de naissance, profession et domicile du propriétaire ;

2.° La description de chacun de ses biens territoriaux ,

En situation ,

Nature ou genre d'exploitation ou destination ,

Quantité superficielle , d'après les mesures locales , comparées, soit au mètre , soit à la toise , ou au pied de France ; (et d'après les nouvelles mesures, à compter du jour où leur usage sera devenu obligatoire.)

Confins ou limites par aspects solaires.

Le tout par autant d'articles séparés , sans que plusieurs pièces , qui ne seraient pas parfaitement contiguës , puissent entrer dans un même article , ni dans une description commune ;

3.° La valeur de chacun de ces biens , tant en revenu net annuel, qu'en capital ou prix vénal , séparément pour chaque article ; ladite valeur exprimée en *monnaie métallique* ;

4.° L'origine de la propriété de chacun des biens déclarés dans la main du propriétaire actuel , avec l'indice et la date du titre matériel d'où elle résulte, en remontant jusqu'à la déclaration foncière précédente (s'il en a été fait antérieurement) ;

5.° Et le prix moyennant lequel il en est devenu propriétaire ; article XV.

Elle sera faite et préparée en triple expédition ; article XXI : l'une déposée au secrétariat de l'administration municipale , l'autre au bureau de la conservation des hypothèques ; article XXVI ; et la troisième reste au déclarant.

Il peut la faire et rédiger lui-même, sans recourir à aucun salarié ; mais il doit faire attester au bas de chaque expédition , et par un acte notarié en peu de mots, qu'elle est son propre fait ; article XXII ; et cette formalité doit précéder le dépôt.

Tous les citoyens ont le droit de prendre communication des déclarations foncières dans le lieu où elles sont déposées ; chapitre IV de cette loi.

Nul ne peut déclarer, comme à lui appartenant, les biens d'autrui , sous peine des dommages du propriétaire, qui ne pourront être fixés au-dessous du cinquantième de leur valeur capitale ; article X.

Les autres dispositions de cette loi, dont la connaissance est indispensable au déclarant, sont inutiles à l'objet actuel.

37. Il est bon de remarquer que, pour faire cette déclaration, il n'est pas nécessaire d'obtenir la quantité par l'arpentage, ni la valeur par l'expertise, attendu que les titres de propriété, d'où résulte la quantité superficielle, ou à leur défaut la commune renommée, ne donnent pas généralement des erreurs très-graves sur ce point, et qu'à l'égard de la valeur, tant en capital ou prix vénal, qu'en revenu net annuel, le propriétaire ou ses fermiers, ou les gens du pays, qui n'ont aucun intérêt contraire et auxquels il peut recourir, doivent la connaître suffisamment : que, d'ailleurs, si le propriétaire voulait vendre ses immeubles, il saurait bien trouver des moyens sûrs pour mettre un prix à chacun d'eux. Au surplus, on verra bientôt comment il est intéressé à n'accuser que le vrai prix, et par conséquent à employer la meilleure méthode de l'obtenir.

38. En remettant cette déclaration au conservateur des hypothèques, il doit y joindre tous les titres de propriété qui y sont énoncés, avec les autres documens nécessaires ; article XLIII du code.

39. Dans cet état, le conservateur des hypothèques admet ou rejette la preuve de propriété ; en cas de contestation, le déclarant la fait certifier, ou y fait statuer suivant l'article XLVII.

40. Il admet pareillement, ou conteste la déclaration de valeur.

S'il conteste, l'expertise qui fait l'objet du §. IV, chapitre II du code, règle la difficulté, mais aux frais du conservateur, pour un quart, s'il a eu tort, sinon à ceux du déclarant ; article LXXVI : de manière que tous deux ont le plus grand intérêt de se préserver de l'expertise, en accusant vrai dès le principe.

41. Du reste, les délais et les formes de l'expertise, lorsqu'elle est devenue nécessaire, sont tellement abrégés et rendus faciles, que, dans les cas les plus défavorables, elle peut être terminée avant quarante jours ; articles XLVI, LV, LXII, LXVI et LXXIII.

42. Ce n'était pas assez d'avoir chargé le conservateur de vérifier la sincérité de la déclaration de propriété, contenance et valeur des biens, s'il n'en était garant envers ceux qui y auraient intérêt par la suite. La loi l'en rend donc responsable ; article XXXVI.

A l'effet de quoi il est tenu, article CCXXXVI, de fournir un cautionnement en immeubles, dont le montant, pour tous les conservateurs de la France, est fixé, par arrêté du comité général des finances du 8 vendémiaire an 4, à trente millions, valeur métallique ; en cas d'insuffisance, le conservateur général est tenu d'y pourvoir, d'abord sur les produits du tarif jusqu'à épuisement, ensuite sur ses propres biens et ceux de ses cautions ; article CCLIV du code.

43. Il y avait encore à statuer sur le cas où, soit avant, soit après la déclaration foncière, le déclarant se serait exproprié ou aurait disposé de l'usufruit de la totalité ou partie des biens contenus dans cette déclaration.

44. De là la nécessité de soumettre les actes d'expropriation ou de concession d'usufruit

à l'enregistrement et notification au bureau du conservateur des hypothèques de la situation des biens, dans les formes et délais prescrits à l'égard de tous autres créanciers, sous peine, par les acquéreurs et usufruitiers, de répondre des hypothèques du fait du vendeur ou du cédant, quoique postérieures au contrat, mais antérieures au jour de sa notification ; et c'est à quoi le code a pourvu dans les articles CV, CVI, CVII, CIX, CLVII et CCLXIV.

45. Il restait aussi à prévoir le cas d'une détention injuste de biens qui, n'appartenant point au déclarant, pouvaient devenir par la suite l'objet d'une revendication dirigée contre lui, et dont l'effet serait de l'en déposséder. Le code hypothécaire l'a encore réglé dans le chapitre IV du titre I.ᵉʳ

46. Telles sont les dispositions principales d'où résulte évidemment la connaissance rigoureuse de l'actif de l'emprunteur.

SECTION DEUXIÈME.

DU PASSIF.

47. On ne parviendrait jamais à connaître le passif ou les droits et hypothèques dont un immeuble est grevé, s'ils pouvaient être soustraits à la connaissance du conservateur des hypothèques de la situation, ou exister indépendamment de l'obligation de les faire inscrire à son bureau.

Mais le code hypothécaire, fidelle à cette première base, ne laisse rien à desirer à cet égard,

1.° Dans les articles III et XIX qui ne reconnaissent d'hypothèque, et dans l'article CIX qui ne reconnaît d'usufruit que ceux inscrits et consignés sur les registres du conservateur des hypothèques de la situation des biens qui en sont grevés.

2.° Dans l'article XXII, qui veut que l'hypothèque, si elle n'est point inscrite dans le mois de la date de l'acte public d'où elle dérive, ne prenne rang que du jour de l'inscription.

3.° Dans l'article XVII, qui supprime les hypothèques *tacites*, ainsi appelées parce qu'elles étaient acquises autrefois sans contrat ni stipulation écrite, et qui ne permet plus à l'hypothèque de prendre naissance que dans les actes publics de la juridiction volontaire ou contentieuse.

4.° Dans l'article XVI, qui ne reconnaît d'hypothèques inscrites que celles dont le montant est déterminé, et qui, en conséquence, supprime l'hypothèque indéfinie ou dont le montant était inconnu, de sorte qu'elles ne peuvent plus maintenant s'agrandir ou se resserrer en fraude des autres créanciers.

5.° Dans l'article XIV, qui limite à une année, et le terme courant, l'hypothèque dont peuvent être susceptibles les arrérages de rentes foncières et constituées, perpétuelles ou viagères, et les intérêts des capitaux qui en produisent.

6.° Dans l'article XV, qui ne donne hypothèque aux frais et dépens en matière litigieuse, à ceux de mise à exécution et autres accessoires, qu'après avoir été liquidés.

7.º Dans l'article XXVII, qui ne frappe d'hypothèque les biens particuliers des héritiers purs et simples de l'obligé ou condamné, que du jour de l'inscription faite nominativement sur eux.

8.º Dans l'article XXVI, qui ne grève d'hypothèque l'obligé ou condamné que dans ses biens situés dans l'arrondissement du bureau où l'inscription a été faite.

9.º Dans les articles LXXIX et LXXX, qui donnent en faveur de celui qui prêtera ses capitaux, hypothèque, non pas seulement du jour du prêt, mais de celui où le propriétaire a requis le constat de sa solvabilité, et l'a fait consigner sur les registres du conservateur des hypothèques.

10.º Et enfin, dans l'article LXXVIII, qui ne permet à celui-ci de délivrer le certificat du constat de solvabilité qu'après un mois du jour où la réquisition en a été faite sur ses registres, à peine d'en répondre.

48. Ce petit nombre de dispositions suffit pour démontrer qu'il en dérive infailliblement la connaissance précise du passif de l'emprunteur.

Quant aux autres parties de la loi qui pourraient avoir de l'analogie avec cette recherche, il paraît inutile et superflu de les rapporter, et c'est à celui qu'elles intéresseraient plus particulièrement, à se les rendre familières par la lecture du code même où elles sont rangées et classées dans un ordre suffisamment méthodique.

49. On a donc une connaissance parfaite de l'actif suivant la section I.ʳᵉ, et du passif suivant la section II.º

Or, l'excédant du premier sur le second; voilà la solvabilité actuelle de l'emprunteur, que le conservateur des hypothèques est tenu de certifier sur sa responsabilité, dans la forme indiquée au modèle de cédule annexé à l'article XXXVII.

50. Ce résultat est obtenu à l'instant et sans aucun travail de recherche, attendu que les divers enregistremens et inscriptions qui ont lieu par succession de tems sur les registres destinés pour chaque espèce, se reportent à fur et mesure sur le livre de raison des hypothèques, dans lequel l'actif et le passif d'un même individu sont rangés sur deux colonnes et sous un même point de vue, article CCXXIII du code.

51. Craint-on que le conservateur des hypothèques se soit trompé, et que lui, ses cautions, les produits du tarif, le conservateur général et ses cautions ne puissent répondre de la faute? Il reste encore la ressource de consulter les registres soi-même au moyen de leur publicité, qui ne permet d'en refuser la communication à personne; articles III, CCXXVI et CCXXVII.

52. Quant à la solvabilité de l'emprunteur pour l'époque du remboursement, qui est le second objet de sollicitude du prêteur, elle dérive,

1.º Des dispositions précédemment analysées, et entre autres de l'article IV du code, portant, *qu'en quelques mains que la chose grevée d'hypothèque soit passée, le créancier a droit de la suivre, et, à défaut de paiement ou d'exécution des obligations stipulées ou prononcées à son*

A 6

profit, de la faire vendre, et d'en toucher le prix jusqu'à concurrence du montant de ses créances hypothécaires, suivant leur ordre de priorité. . . . . ;

De l'article CV , portant, *qu'en toute expropriation volontaire, onéreuse ou à titre gratuit, celui au profit duquel elle est consentie ne peut devenir propriétaire incommutable des biens territoriaux qui en sont l'objet, que sous les deux conditions, 1.° de notifier. . . . son contrat dans le mois ; 2.° de payer et acquitter dans le cours du mois suivant toutes les créances hypothécaires et cédules du fait de son auteur ayant une date antérieure, ou de déposer leur montant. . . . . faute de quoi* (article CVII), *il n'est pas, à l'égard des créanciers hypothécaires, présumé propriétaire de la chose hypothéquée.* . . . . Disposition très-morale, et par conséquent conforme aux vrais principes qui veulent impérieusement qu'il ne puisse y avoir d'autre prix d'une chose hypothéquée que celui résultant d'une vente publique au plus offrant et dernier enchérisseur, jusqu'à ce que tous les créanciers aient été désintéressés ;

Et du §. II, chapitre V du code, dont toutes les dispositions tendent à assurer aux créanciers hypothécaires le vrai prix de la chose.

2.° Cette certitude de solvabilité future dérive encore de la responsabilité même du conservateur, qui serait tenu de parfaire le déficit du prix de l'adjudication des immeubles, ce qui donne à celui-ci le droit de s'y interposer pour en prévenir la vente à vil prix; articles CXVIII, CXXIII, CXXIV, CXXXV, CXLIV, CXLV, CXLVII et CXLVIII ;

3.° De ce que, comme on le verra sur la seconde question, il doit toujours rester un quart de l'immeuble franc de toute hypothèque, afin que les créanciers pour la valeur des trois autres quarts puissent encore y trouver le dédommagement, soit des erreurs ou des fautes commises dans le constat de la solvabilité du propriétaire, soit de la baisse de valeur survenue postérieurement ; indépendamment de quoi il sera fait, pour ce cas particulier, au bureau de la conservation générale des hypothèques, à Paris, un fonds de réserve toujours supérieur aux besoins du service.

4.° Et de ce qu'enfin l'administration générale des hypothèques étant hors du gouvernement, mais sous sa surveillance immédiate, aucun abus d'autorité ne peut s'y introduire ni altérer la confiance des citoyens.

En sorte que sur ce point il ne devra plus rester aucune chance défavorable au prêteur.

53. Enfin, d'après les développemens qui précèdent, sur le mode de constater la solvabilité actuelle et future de l'emprunteur, la présence de celui qui doit lui fournir des capitaux y étant absolument inutile, il s'ensuit très-clairement qu'il ne lui en coûte ni soins, ni surveillance, ni emploi de temps, pour acquérir la preuve de cette solvabilité; et dès-lors il n'a plus à faire entrer cette considération dans le prix de ses capitaux.

Seconde condition.

54. La seconde condition de la baisse de l'intérêt, c'est *que le gage ne soit pas trop supérieur à la dette.*

55. En effet, plus le créancier prend de gage au par-dessus de la dette, moins il reste de ressources au débiteur, lorsqu'un nouveau besoin de recourir au prêt se fait sentir; et dans ce cas, l'absence du gage produit nécessairement l'élévation du taux de l'argent.

56. Cet ordre de choses renferme plus d'un danger :

Et d'abord il est nuisible au développement de l'industrie, et par conséquent à la société, dont il blesse les intérêts :

En second lieu, il donne aux capitalistes sur les autres citoyens, une prépondérance contraire à la nature du régime social.

57. L'autorité publique ne saurait donc trop se hâter de faire disparaître ces inconvéniens, en limitant l'étendue du gage à raison de la dette, et c'est ce qu'a fait le code hypothécaire :

1.° Dans l'article XXXVI, qui donne aux propriétaires dont les immeubles se trouvent déjà grevés d'hypothèques, la faculté d'emprunter, par la voie du constat préalable de solvabilité, pourvu que la somme des anciennes et des nouvelles dettes n'excède pas les trois quarts de la valeur capitale des biens qui leur servent de gage ;

2.° Dans les articles XXIX, XXX et XXXI, qui limitent à un tiers en sus du montant des créances, le gage des hypothèques acquises pour dettes ou engagemens contractés avant tout constat de solvabilité, et qui donnent aux débiteurs la faculté de faire radier les inscriptions qui dépasseraient cette limite.

Par ce moyen, les débiteurs peuvent encore user de leur crédit pour tout le surplus de leurs biens qui se trouve libre d'hypothèque.

Troisième condition.

58. LA troisième condition pour arriver à la baisse de l'intérêt, c'est qu'à *défaut de paiement au terme convenu, le prêteur ou le créancier jouisse de la plénitude du droit de faire vendre les biens du débiteur qui lui servent de gage, d'en toucher le prix jusqu'à concurrence de la dette, et que, pour accélérer le moment où il doit être payé, ce droit d'exécution puisse s'exercer, non pas seulement dans les délais les plus courts, mais encore avec les formes les plus simples et les moins dispendieuses ; en sorte qu'il ne reste au débiteur aucun autre moyen d'arrêter ou suspendre la poursuite, que le paiement, ou les offres réelles suivies de consignation.*

59. Une longue expérience n'a que trop prouvé combien la pitié du législateur sur ce point était destructive de la prospérité des nations, et comment elle finissait, en dernière analyse, par devenir une calamité publique.

60. La loi ne saurait donc apporter trop d'énergie, réunir trop de moyens pour briser tous les efforts de la mauvaise foi, toutes les résistances qu'apporte ordinairement à son expropriation le débiteur insolvable.

61. Mais le code hypothécaire a complétement rempli cet objet.

D'une part, il n'y a plus rien à demander au débiteur, rien à savoir de lui, ni des citoyens qui lui seraient dévoués, ou se trouveraient avoir des intérêts contraires, sur la nature, la situation, la consistance et la valeur de ses biens, puisque ces élémens sont donnés par la déclaration foncière qui en a été fournie précédemment.

D'une autre part, il ne peut arrêter ni suspendre la poursuite, même par des offres réelles faites au créancier poursuivant, à moins qu'elles n'aient été acceptées par lui, ou, en cas de refus, notifiées au conservateur des hypothèques, visées par lui sur l'original, et le montant de la créance déposé entre les mains et à la caisse du receveur; article CXIV.

62. La conséquence de cette disposition, qui rend impossible les faux, les prévarications en matière d'offres réelles, et qui d'ailleurs ne permet plus de rien offrir sans être véritablement en état de réaliser, c'est de faire arriver le créancier plus promptement vers le but qu'il se propose, qui est de recevoir son remboursement.

63. Du reste, il suffit de lire les dispositions contenues dans le §. II du chapitre V, titre I.er du code, sur l'expropriation forcée, et dans le chapitre VI, sur les ordres et distributions de deniers, pour s'apercevoir qu'il n'était guère possible de mettre dans la marche de la poursuite plus de rapidité, dans les formes plus de simplicité, dans le mode d'obtenir le vrai prix de la chose plus d'efficacité, enfin dans les salaires ou les frais de la poursuite plus d'économie ; et, à cet égard, il est évident que le nouveau régime l'emporte de beaucoup sur tout ce que l'on connaissait jusqu'à présent de législation bienfaisante.

64. Au surplus, est-on encore solvable ! L'extrême facilité que donne ce régime pour obtenir des capitaux et répondre à des engagemens pressés, doit rendre beaucoup plus rare qu'autrefois l'expropriation forcée.

Ne l'est-on plus! C'est un véritable service rendu à la société que de retirer les immeubles des mains de celui qui n'a pas su conserver les capitaux nécessaires pour les faire valoir.

Quatrième condition.

65. LA quatrième et dernière condition de la baisse de l'intérêt, c'est *que, soit avant, soit après l'échéance de la dette, le créancier en ait la plus grande et la plus parfaite disponibilité, de manière qu'il puisse la transformer en capitaux, ou tout autrement l'échanger à l'instant du besoin.*

66. Dans l'ancien système des hypothèques admis en France et dans plusieurs autres parties de l'Europe, il y a trois principales causes de surhaussement de l'intérêt, indépendamment de celles précédemment énoncées.

67. La première dérive de ce que le terme de remboursement qui convient à l'emprunteur se trouve rarement d'accord avec les arrangemens ultérieurs du prêteur; ce qui ne manque jamais, ou de lui faire attacher plus de prix à ses capitaux, ou de le retirer de la classe des prêteurs; ce qui produit également la hausse de l'intérêt.

68. La seconde dérive des formes longues et embarrassantes du transport de la créance

(15)

hypothécaire, qui, comme on le sait, ne peut se réaliser que par acte devant notaires, et avec la condition d'être notifié au débiteur pour opérer la saisine du cessionnaire; en sorte que le créancier qui se trouve dans la nécessité ou auquel il est plus convenable à ses affaires actuelles de vendre sa créance, n'en trouve jamais, toutes choses égales d'ailleurs, le même capital qu'il avait fourni au débiteur.

69. La troisième dérive de ce que la demande de l'emprunteur est souvent plus forte ou plus faible que ne le comportent la bourse ou les affaires personnelles du prêteur, d'où suivent encore l'oisiveté des capitaux et le défaut de concurrence des prêteurs, qui augmentent toujours le taux de l'argent.

70. Mais si, au lieu d'un ordre de choses aussi défectueux, aussi contraire aux vrais intérêts des citoyens, il existe un régime d'hypothèques tel que, d'une part, rien ne soit plus facile au prêteur que le transport ou la vente de sa créance à l'instant du besoin, afin que le terme du remboursement qui convient à l'emprunteur devienne absolument indifférent au prêteur;

Et que de l'autre part, il puisse, quelle que soit l'étendue de ses capitaux, les placer au moment où il a résolu de les rendre productifs :

Dans ce cas il ne devrait plus exister aucun des inconvéniens dont on vient de parler;

Et c'est encore à les faire disparaître que le code hypothécaire, du 9 messidor an 3, est particulièrement destiné.

71. Il accorde à tout propriétaire de biens et droits susceptibles d'hypothèques, la faculté de prendre hypothèque sur lui-même pour un temps déterminé, qui ne peut excéder dix années, par la voie de cédules hypothécaires; jusqu'à concurrence néanmoins des trois quarts de la valeur capitale ou prix vénal de ses biens présens désignés dans la cédule, y compris le montant des hypothèques dont ils sont déjà grevés.

Dans le cas où il use de cette faculté,

1.° Le conservateur des hypothèques, chargé d'en faire la délivrance, est garant de la valeur capitale annoncée par la cédule . . . . ;

2.° Cette cédule hypothécaire est transmissible, non point au porteur innommé, mais par la voie de l'endossement à ordre ; elle forme un titre exécutoire contre le citoyen qui l'a souscrite, au profit de celui à l'ordre duquel elle est passée ;

3.° Il n'y a aucun recours de garantie d'un endosseur à l'autre, excepté seulement en cas de faux ; article XXXVI.

72. Les cédules hypothécaires ne pourront être délivrées par le conservateur des hypothèques, qu'après un mois du jour de la réquisition, à peine d'en répondre ; article LXXVIII.

73. Elles confèrent, sur les biens du requérant, hypothèque à la date de la réquisition ; article LXXIX.

74. Mais si depuis qu'elle a été faite jusques et compris le trentième jour suivant, il est survenu des inscriptions de créances donnant une hypothèque antérieure à ladite réquisition, le conservateur est tenu d'y avoir égard ; en sorte qu'en aucun cas la somme desdites cédules, ajoutée à celle des inscriptions donnant une hypothèque antérieure, ne puisse excéder les trois quarts de la valeur capitale des biens qui en sont l'objet, à peine d'en répondre ; article LXXX.

75. *Celui qui ne sait point écrire, où qui ne peut venir en personne, ne peut requérir cédule que par procuration spéciale et authentique, qui demeurera déposée au bureau du conservateur des hypothèques ; article XLI.*

76. *Il sera tenu un registre des réquisitions de cédules ; article XLII.*

77. *Elles seront expédiées pour les échéances et dans les coupures déterminées par le requérant. Elles sont signées par lui ou son fondé de procuration spéciale, et par le conservateur des hypothèques, aux cinq endroits désignés sur le modèle ; article LXXXI.*

78. *Il est tenu, par le conservateur, registre des cédules par lui expédiées, et avant toute délivrance desdites cédules ; article LXXXII.*

79. *Aussitôt qu'elles sont remises au requérant, il en a la libre disposition, et leur circulation, par la voie de l'endossement nominatif à ordre, ne peut être arrêtée entre les mains du possesseur, par aucune opposition principale ou en sous-ordre ; article LXXXIII.*

80. Ce mode d'emprunter consiste donc, de la part de l'emprunteur, ainsi que l'exprime très-bien l'article XXXVI de la loi, à prendre d'abord hypothèque sur lui-même, avant toute recherche de fonds, afin que le titre étant complet, et dans ses mains, il puisse ensuite trouver plus facilement des capitaux, et qu'il n'ait plus qu'à l'endosser de sa signature au moment du prêt.

Il n'est pas même nécessaire à l'emprunteur d'avoir une connaissance très-exacte du nombre et de la force des bourses ouvertes au prêt dans le lieu où il veut le négocier, pour y faire correspondre (article LXXXI) le nombre et la valeur des cédules dont il a besoin, parce que, s'il s'est trompé à cet égard, il a toujours la ressource, ou de la négociation dans un autre lieu où les capitaux se trouveraient en plus grande abondance dans la même main, ou de rapporter au conservateur des hypothèques les cédules trop fortes, pour être annullées (article CCXXII), et ensuite remplacées en cédules de plus petites coupures.

81. D'après ces notions, la cédule hypothécaire est un effet de commerce de la nature des lettres de change ou billets à ordre, puisque, comme eux, sa circulation ne peut avoir lieu que par la voie de l'endossement nominatif à ordre, mais qui leur est très-supérieur, en ce que, 1.° elle forme un titre exécutoire, caractère précieux dont ils sont privés ; 2.° sa valeur, au lieu de reposer sur la confiance que méritent le tireur et les endosseurs, repose sur un immeuble réel, qui ne peut être soustrait par aucun moyen à la poursuite du créancier ; 3.° et que, par conséquent, elle donne ce que ces effets ne donnent que très-imparfaitement ou point du tout, la certitude d'être payé.

(17)

82. La cédule hypothécaire tient aussi de la nature des titres de créance portant hypothèque privilégiée ; mais elle en diffère essentiellement, en ce que, 1.° la créance privilégiée peut très-bien absorber la valeur du gage, tandis que la cédule doit toujours en laisser un quart libre de toute hypothèque ;

2.° Le privilége n'a pour gage que la chose même, au lieu que la cédule est garantie de plus par les biens du conservateur, ceux de ses cautions, les produits du tarif jusqu'à épuisement, et finalement les biens du conservateur général et de ses cautions.

Elle l'emporte donc évidemment sur le privilége, que l'on avait regardé jusqu'à présent comme le plus-solide et le plus parfait de tous les placemens ; à plus forte raison elle doit l'emporter sur l'hypothèque simple, puisque celle-ci est encore moins garantie que l'hypothèque privilégiée.

83. D'où il suit que, relativement à celui qui la reçoit, la cédule hypothécaire est le placement de fonds le plus sûr, le plus disponible, et celui dont la conservation et le remboursement donnent le moins de soins et d'embarras.

Considérée à l'égard du débiteur, elle devient pour lui le moyen le plus prompt et le plus efficace de se procurer des capitaux au plus bas intérêt, et telle est la réciprocité des avantages.

84. Nous terminerons ici les développemens que fournissait la question de la baisse de l'intérêt ; mais l'étendue qui lui a été donnée abrégera considérablement ce qui reste à dire sur les autres effets du nouveau régime hypothécaire.

§. II.

SUR LE COMMERCE DES BIENS TERRITORIAUX.

85. IL est évident que ce régime doit favoriser le commerce des biens fonds :

Car, 1.° si l'acquéreur est en état de payer de ses deniers un quart du prix de la vente, ou si, n'ayant aucuns capitaux, il peut y suppléer par ses autres biens libres d'hypothèques jusqu'à la mesure nécessaire pour solder ce premier quart ; il trouvera infailliblement le surplus, à l'expiration du mois, par la voie de l'emprunt sur cédules hypothécaires ;

2.° Le propriétaire à qui il ne convient plus de garder ses biens, parce qu'il n'est plus en position de les faire valoir utilement, ou que ses spéculations ou son industrie ont changé d'objet, est nécessairement plus disposé à les vendre, lorsqu'il est sûr de toucher, presque sans délai, la totalité du prix ;

3.° Rien de plus prompt et de plus facile que de purger les hypothèques, puisqu'il suffit à l'acquéreur de notifier son contrat au conservateur des hypothèques, dans le mois de sa date ; puis, à l'expiration de ce même mois, de prendre du conservateur extrait certifié du livre de raison des hypothèques, et de payer les créanciers qui y sont désignés, ou de déposer leur montant ; article CV du code.

Après quoi il devient propriétaire incommutable, sans avoir besoin de recourir à aucunes lettres de ratification, dont au surplus la formalité est abrogée ; article CCLXXVI.

§. III.

SUR LE PRIX DES BIENS FONDS.

86. IL n'est pas moins évident que ce régime accroît le capital ou prix vénal des biens fonds ; car, 1.° l'effet naturel et indispensable des avantages dont on vient de parler dans le §. précédent, c'est de donner une plus grande concurrence d'acheteurs ;

2.° De plus, il n'est pas possible que l'intérêt de l'argent se trouve baissé par un autre effet de ce régime, sans qu'il faille donner un plus fort capital pour obtenir le même revenu.

87. Donc le sol de la France va prendre entre les mains des propriétaires un accroissement de valeur qui y fera circuler une très-grande quantité de capitaux, et lui donnera un fonds de richesses qui, sous ce rapport et sous toutes les conséquences qui en dérivent, doit la rendre bientôt infiniment supérieure aux nations parmi lesquelles le régime hypothécaire n'aurait pas acquis la même perfection.

§. IV.

SUR LA PROPRIÉTÉ DES BIENS TERRITORIAUX.

88. C'EST encore une conséquence infaillible de ce régime, de consolider la propriété, et de dégager insensiblement les tribunaux au profit de la morale publique.

Car toute expropriation volontaire ou forcée, ce qui comprend toutes les espèces de transmissions, excepté celles en successions directes et collatérales, rend obligatoire et nécessaire la déclaration foncière des biens qui en sont l'objet (article XCIX), et sa publicité dans les dépôts où elle est reçue est de son essence (article CCXXXVII du code, et chapitre IV de la loi du même jour) ;

Or il suffit de prendre connaissance des élémens constitutifs de cette déclaration, pour s'apercevoir qu'elle doit nécessairement produire les trois effets qui suivent :

1.° De garantir au vrai et légitime propriétaire, nonobstant son absence, sa minorité, son interdiction ou son ignorance, non-seulement une plus grande conservation de ses titres ou des moyens plus faciles de recourir aux originaux, mais encore toute l'intégralité de ses propriétés territoriales, contre l'invasion, l'envahissement, l'usurpation ou l'anticipation, soit des riverains, soit des fermiers ou usufruitiers, soit de tous autres spoliateurs, et de lui en fournir une description si précise, qu'il puisse, sans aucun secours étranger, les retrouver dans tous les temps et dans toutes les circonstances ;

2.° D'arrêter ce torrent de réclamations, ou de revendications aussi injustes que vexatoires, et qui ne trouvent de protecteurs ou d'agens que par l'absence momentanée ou la perte du titre matériel qui garantissait la possession, entre les mains du légitime propriétaire ;

3.° D'enlever à celui-ci l'usage de cette réticence vengeresse, qui consiste à ne produire le titre qu'au moment où l'énormité des frais de litige ayant assez puni son adversaire, il aurait à craindre pour lui-même la précipitation d'un jugement définitif.

89. Et l'on ne doute pas que si la déclaration foncière était étendue au cas de mutation en succession directe et collatérale, elle ne devint le moyen le plus parfait de régler les droits et les devoirs des citoyens, soit entre eux, soit à l'égard du corps social, en même temps que l'autorité supérieure et les administrateurs subordonnés pourraient y puiser les élémens de la richesse publique jusques dans ses dernières ramifications, et, par ce secours, rendre leurs déterminations moins erronées, fautives, dangereuses, ou arbitraires.

§. V.

SUR L'INDIVISION DES PROPRIÉTÉS.

90. UN cinquième effet du nouveau régime hypothécaire, c'est de permettre aux copropriétaires de sortir de l'indivision, en procurant à celui qui desire posséder seul, des moyens plus faciles de solder en argent la part de ceux qui consentent à la recevoir ainsi, ou qui s'y trouvent forcés par la voie de la licitation.

§. VI.

SUR L'AGRICULTURE ET LES AUTRES GENRES D'INDUSTRIE.

91. L'AGRICULTURE et tous les autres genres d'industrie ne peuvent manquer de recevoir les plus grands secours d'un tel régime, puisque,

D'une part, il amène, comme on vient de l'exposer, la cessation des indivis, d'où résulte que l'amélioration des biens territoriaux cesse de dépendre du concours des volontés de plusieurs propriétaires, d'autant plus difficile à obtenir, qu'il suffit de la résistance ou des besoins actuels de l'un pour arrêter et rendre inutile la bonne volonté des autres ;

Et que, d'une autre part, le propriétaire, s'il n'est pas grevé d'hypothèque jusqu'aux trois quarts de la valeur de ses biens, jouit pleinement de la faculté de se procurer les capitaux à la faveur desquels il doit en obtenir de plus grands produits, soit par une meilleure culture, soit en y formant des établissemens ou grands ateliers de fabrique, de manufacture, etc.

A ce dernier égard, il importe peut-être d'observer que la non réussite de ces sortes d'établissemens a principalement pour origine le haut intérêt de l'argent.

Mais cette cause une fois détruite, il n'y a plus rien qu'on ne doive espérer de l'activité, de l'industrie, et sur-tout de l'extrême intelligence des Français.

§. VII.

SUR LES CAPITALISTES.

92. PUISQUE la cédule hypothécaire met en concurrence avec les capitalistes proprement dits, ceux dont la bourse et le crédit ne sont point assez considérables pour leur

permettre de faire, de la fonction de prêteur, leur seule et unique occupation, il s'ensuit évidemment,

1.º Un contre-poids très-favorable à la baisse de l'intérêt ;

2.º Que les propriétaires de biens-fonds se trouvent, à beaucoup d'égards, hors de la dépendance des capitalistes.

§. V I I I.

SUR LES DROITS D'ENREGISTREMENT.

93. LA disparition de la fraude dans la perception des droits d'enregistrement, ou l'amélioration de ses produits, est encore la conséquence immédiate du régime hypothécaire ; car la vraie valeur des propriétés territoriales une fois obtenue par la déclaration foncière dans tous les cas prévus par le code hypothécaire, devient ensuite une barrière insurmontable contre la mauvaise foi.

§. I X.

SUR LA CONTRIBUTION FONCIÈRE.

94. PAR la même raison, il donne les élémens les plus sûrs pour une meilleure répartition de la contribution foncière, et sur-tout pour arriver au plus prompt dégrèvement des localités trop chargées ;

Mais avec la condition d'une mesure qui n'appartient point au code hypothécaire, dont par conséquent il n'a pas dû se charger, et qui consiste à donner au redevable de la contribution foncière un contradicteur ayant des intérêts opposés, au lieu du conservateur, qui ne peut pas le devenir dans le cas dont il s'agit.

§. X.

SUR LES MINISTÈRES INUTILES OU DANGEREUX À LA SOCIÉTÉ.

95. DE tout ce qui a été précédemment exposé, il suit évidemment :

1.º Que les tribunaux se trouvent insensiblement dégagés des contestations relatives à la propriété des biens territoriaux ;

2.º Que les ordres et distributions de deniers prennent une marche simple et régulière qu'il n'est plus au pouvoir des officiers ministériels d'intervertir ou de dénaturer à leur profit ;

3.º Qu'il ne doit plus exister à l'avenir aucune de ces formes barbares et dévastatrices, connues sous le nom de saisies-réelles, subhastations, criées, décrets forcés, baux judiciaires, &c.

4.º Qu'à l'égard des directions, la présence ou l'intervention des créanciers hypothécaires y devient inutile et superflue, parce que, dans ce système où les droits et leur ordre de priorité sont bien connus, les immeubles qui en sont grevés ne peuvent être l'objet d'une gestion commune, et que l'homologation du contrat d'union qui serait demandée et obtenue contre le créancier hypothécaire, serait une violation manifeste du droit qu'il a de poursuivre la vente et de toucher le montant de sa créance, sans le concours ou nonobstant la résistance des créanciers chirographaires;

5.° Que la répartition de la contribution foncière n'a plus le même arbitraire, et la confection des rôles la même difficulté.

96. D'où, en dernière analyse :

Premièrement, la destruction de beaucoup de ministères inutiles ou dangereux à la société ;

Secondement, la simplification des fonctions des corps administratifs et municipaux, principalement à l'égard de la partie de leur service qui a pour objet la répartition et la confection des rôles de la contribution foncière.

§. X I.

SUR LA COMPTABILITÉ DES DENIERS PUBLICS.

97. Puisque rien n'est plus facile que de connaître, pour une époque donnée, la solvabilité immobiliaire du comptable ou de ses cautions, il est évident qu'en rétablissant les cautionnemens, et les mesurant sur l'étendue et la durée du service, on assure, de la manière la plus claire, la recette ou le maniement des deniers publics, en même temps que l'on restitue au commerce les propriétés territoriales qui s'y trouvent soustraites aujourd'hui par les règles et les formes de l'hypothèque résultant des anciennes lois en matière de comptabilité.

§. X I I

SUR LE CRÉDIT PUBLIC.

98. L'INTÉRÊT de l'argent est plus fort dans l'état de guerre que dans celui de paix ; car chacun ayant à courir un danger, doit chercher à s'en préserver par la thésaurisation, qui soustrait une partie des capitaux à la circulation ; en sorte qu'il en reste moins pour satisfaire aux besoins du crédit public et privé.

99. Du reste, le crédit public n'est point d'une autre nature que le crédit particulier ; il a les mêmes élémens, puisque c'est à des prêteurs ou à des fournisseurs que le gouvernement est obligé de recourir pour subvenir à ceux des besoins que la situation du trésor public ne permet pas de payer comptant.

D'où il suit que, pour obtenir des capitaux au plus bas intérêt, le Gouvernement doit user de son crédit et donner des sûretés de la même manière qu'il en serait usé par tout autre emprunteur.

100. Mais le crédit public influe sur le crédit particulier, en ce sens que le gouvernement ne peut pas consommer des capitaux extraordinaires, sans diminuer, pendant le

temps de cette opération, la concurrence des prêteurs, et par conséquent sans augmenter l'intérêt de l'argent à son détriment et à celui de tous les autres emprunteurs.

101. Ainsi donc, à moins qu'il ne doive en résulter un nouveau fonds de richesses pour la nation, ou que les besoins de l'État ne soient trop instans, il est de l'intérêt bien entendu de tous les citoyens, qu'il y soit pourvu, non par la voie des emprunts ou des anticipations qui ne sont que des emprunts déguisés, mais par de nouvelles contributions.

102. Au surplus, il suffit à l'objet actuel d'avoir exposé ces principes généraux.

A l'égard des conséquences qui en dérivent, et de leur application à l'état actuel du crédit public, elles seront traitées dans un mémoire particulier.

Le Conservateur général des Hypothèques,

JOLLIVET.

A PARIS, DE L'IMPRIMERIE DE LA RÉPUBLIQUE. Ventôse, an IV.